D0846012

## AUTOS RÁPIDOS/FAST CARS

# MASERATI

# MASERATI

por/by A. R. Schaefer

Consultora de lectura/
Reading Consultant:
Barbara J. Fox
Reading Specialist
North Carolina State University

Consultor de contenidos/
Content Consultant:
Michael Demyanovich
President
The Maserati Club:
Southeast Chapter

Capstone press
Mankato, Minnesota

Blazers is published by Capstone Press,
151 Good Counsel Drive, P.O. Box 669, Mankato, Minnesota 56002.
www.capstonepress.com


Printed in the United States of America

*Library of Congress Cataloging-in-Publication Data*
Schaefer, A. R. (Adam Richard), 1976–
[Maserati. Spanish & English]
Maserati / por A.R. Schaefer = Maserati / by A.R. Schaefer.
p. cm. — (Blazers) (Autos rápidos = Fast cars)
Includes index.
Summary: "Simple text and colorful photographs describe the history and models of the Maserati — in both English and Spanish" — Provided by publisher.
ISBN-13: 978-1-4296-3270-6 (hardcover)
ISBN-10: 1-4296-3270-4 (hardcover)
1. Maserati automobile — Juvenile literature. I. Title. II. Series.
TL215.M34S3318 2009
629.222'2 — dc22 2008034499

**Editorial Credits**
Tom Adamson and Carrie A. Braulick, editors; Katy Kudela, bilingual editor; Strictly Spanish, translation services; Biner Design, book designer; Bobbi J. Wyss, designer; Jo Miller, photo researcher

**Photo Credits**
Alamy/Alvey & Towers Picture Library, 6, 15 (bottom), 20–21; Motoring Picture Library, 5, 12, 17, 18–19; Oleksiy Maksymenko, cover; Phil Talbot, 14 (top)
Corbis/Car Culture, 13, 14 (bottom), 22
Getty Images Inc./Bryn Lennon, 7 (bottom); Hulton Archive, 11
The Image Works/National Motor Museum/Topham-HIP, 8
Landov LLC/dpa/Andreas Gebert, 24–25
Ron Kimball Stock/Ron Kimball, 7 (top), 29
Shutterstock/Massimiliano Lamagna, 15 (top), 27

Essential content terms are ***bold*** and are defined at the bottom of the page where they first appear.

1 2 3 4 5 6 14 13 12 11 10 09

# TABLE OF CONTENTS



# BLA DE CONTENIDOS

chapter 1/capítulo 1

# CRUISIN' IN STYLE/ PASEANDO CON ESTILO

A stylish sports car cruises down the road. The driver sits in perfect comfort. This **rare** Maserati is a pleasure to drive.

Un auto deportivo con mucho estilo se pasea por la carretera. El conductor está sentado en total confort. Es un placer conducir este **raro** Maserati.

**rare** — uncommon | **raro** — poco común

2000 Maserati 3200 GT/
Maserati 3200 GT 2000

2006 Coupe GT/Coupe GT 2006

The Maserati car company is in Italy. It makes sports cars, **sedans**, and race cars.

La compañía de autos Maserati está en Italia. Ellos fabrican autos deportivos, **sedanes** y autos de carreras.

**sedan** — a car with either two or four doors that seats four or more people

**sedán** — auto de dos o cuatro puertas para cuatro personas o más

2005 Quattroporte/Quattroporte 2005

Maserati MC12 race car/
Auto de carreras Maserati MC 12

1926 Tipo 26/Tipo 26 1926

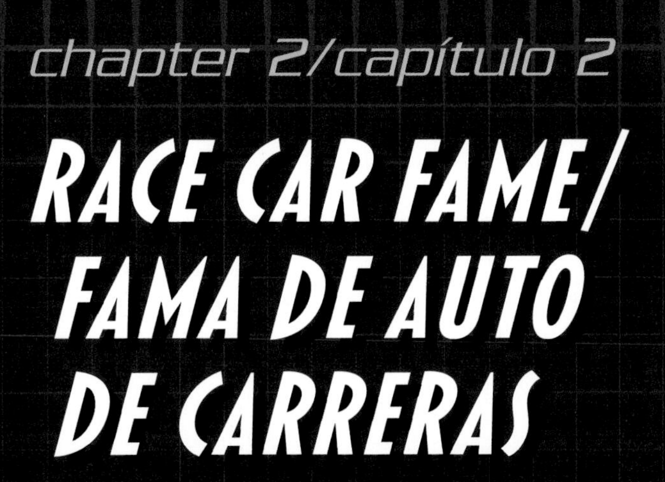

chapter 2/capítulo 2

# RACE CAR FAME/ FAMA DE AUTO DE CARRERAS

In the early 1900s, Alfieri Maserati and his brothers worked on race cars in Italy. In 1926, they built their own race car. The Tipo 26 was the first Maserati.

A principios de los 1900, Alfieri Maserati y sus hermanos trabajaban con autos de carreras en Italia. Ellos construyeron su propio auto de carreras en 1926. El Tipo 26 fue el primer Maserati.

The Maserati company became famous after winning many important races. A Maserati car won the Indianapolis 500 in 1939 and 1940.

La compañía Maserati se hizo famosa después de ganar varias carreras importantes. Un auto Maserati ganó las 500 millas de Indianápolis en 1939 y 1940.

## fast fact

In 1929, the Maserati V4 set a world speed record. It reached almost 153 miles (246 km) per hour over 6.2 miles (10 km).

## dato rápido

En 1929, el Maserati V4 estableció un récord mundial. Alcanzó casi las 153 millas (246 km) por hora en una distancia de 6.2 millas (10 km).

Maserati race car at the 1954 Grand Prix in Monza, Italy/Auto de carreras Maserati en el Gran Premio de 1954 en Monza, Italia

Birdcage interior/Interior del Birdcage

The Maserati Birdcage was like no other race car. The frame was made of more than 200 small steel tubes. Only 22 of these race cars were built from 1959 to 1961.

El Maserati Birdcage no tenía comparación con otros autos de carrera. El bastidor se componía de más de 200 tubos pequeños de acero. Sólo se fabricaron 22 de estos autos entre los años 1959 y 1961.

## fast fact

Today, Maserati is owned by the Fiat car company.

## dato rápido

En la actualidad, la compañía automotriz Fiat es dueña de Maserati.

1961 Birdcage / Birdcage 1961

# MASERATI TIMELINE/LÍNEA DEL TIEMPO DEL MASERATI

In the 1950s, Maserati started building more road cars for customers. Since then, Maserati has built sports cars and sedans.

**1926**

The Tipo 26 is built. It is the first Maserati./ Se construye el Tipo 26. Es el primer Maserati.

**1939–1940**

Maserati race cars win the Indianapolis 500./Los autos de carreras de Maserati ganan las 500 millas de Indianápolis.

**1957**

3500 GT is released./Sale al mercado el 3500 GT.

**1959–1961**

Birdcage race car is produced./Se fabrica el Birdcage, auto de carreras.

Durante la década de 1950, Maserati empezó a fabricar más autos para la calle para sus clientes. Desde esa vez, Maserati ha construido autos deportivos y sedanes.

Spyder is released./ Sale a la venta el Spyder.

Maserati Quattroporte is introduced./Se lanza al mercado el Maserati Quattroporte.

1963

2002

1972

2004

Maserati Ghibli SS is built./Se fabrica el Maserati Ghibli SS.

MC12 is sold to select customers./Se pone a la venta el MC12 para clientes selectos.

chapter 3/capítulo 3

# PERFORMANCE/ DESEMPEÑO

Maseratis have powerful V8 engines. The Quattroporte's engine produces 400 ***horsepower***. Its top speed is 165 miles (266 km) per hour.

Los Maseratis tienen un poderoso motor V8. El motor del Quattroporte produce 400 ***caballos de fuerza***. Su velocidad máxima es de 165 millas (266 km) por hora.

***horsepower*** — a unit for measuring an engine's power

---

***caballo de fuerza*** — unidad que mide la potencia del motor

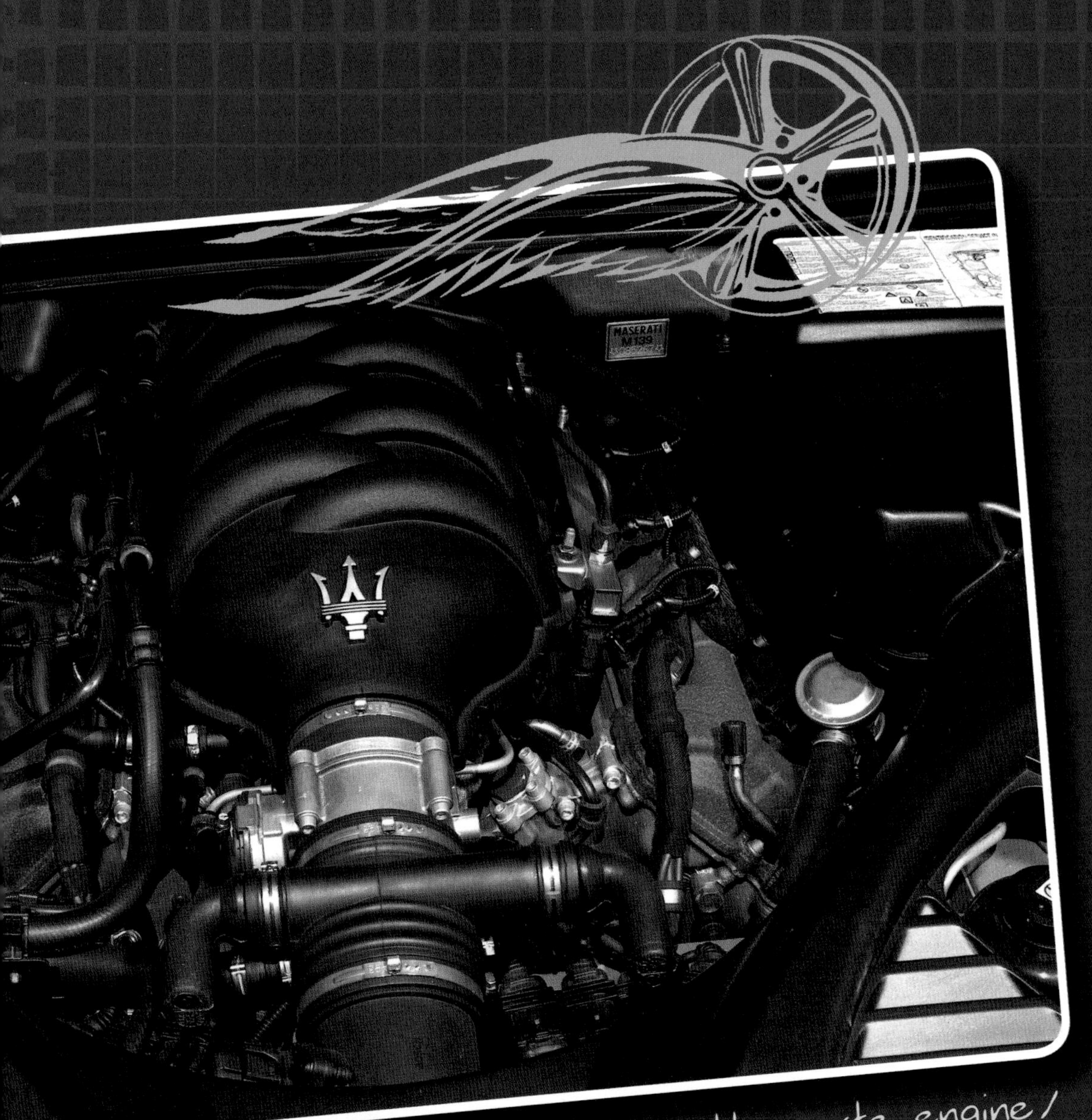


2004 Quattroporte engine/
Motor del Quattroporte 2004

## fast fact

Quattroporte means "four doors" in Italian.

## dato rápido

Quattroporte significa "cuatro puertas" en italiano.

Maseratis have a smart suspension system. The car's front end does not dip during braking. The brakes are powerful. They make the car stop in a hurry.

Los Maseratis tienen un sistema de suspensión inteligente. La parte delantera del auto no se inclina mientras está frenando. Los frenos son potentes. Éstos hacen que el auto se detenga de inmediato.

2000 Maserati 3200 GT/Maserati 3200 GT 2000

# MASERATI COUPE DIAGRAM/ DIAGRAMA DEL MASERATI COUPE

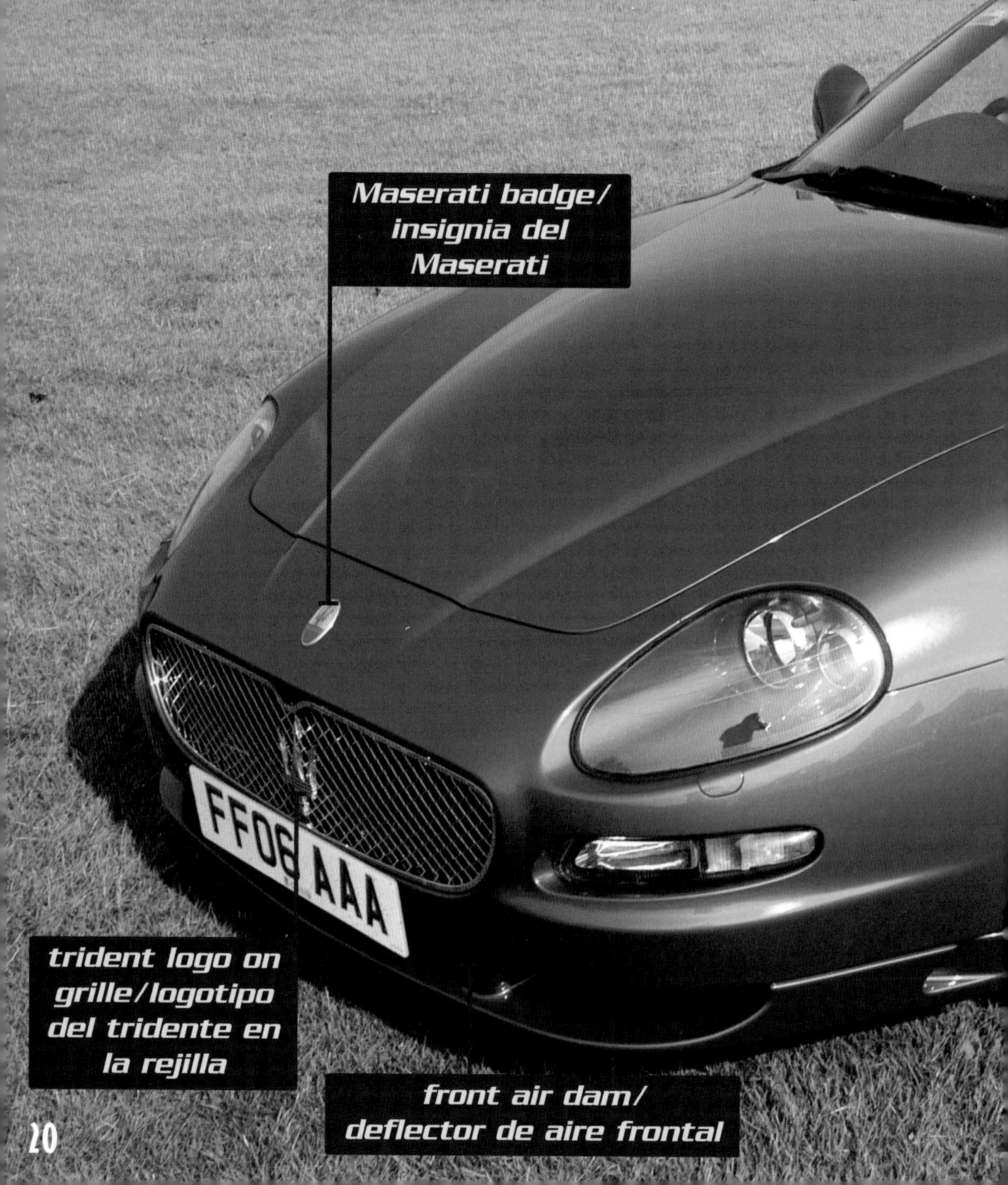
Maserati badge/ insignia del Maserati
FF06 AAA
trident logo on grille/logotipo del tridente en la rejilla
front air dam/ deflector de aire frontal

ground effects/
efecto de tierra
brake calipers/
pinzas de frenos

2007 GranSport Spyder / GranSport Spyder 2007

**fast fact**

Maseratis can cost more than $100,000.

**dato rápido**

Los Maseratis pueden llegar a costar hasta más de $100,000.

chapter 4/capítulo 4

# CARS OF COMFORT/ AUTOS CÓMODOS

People want **luxury** features on expensive cars. All Maseratis have comfortable seats and super sound systems.

Las personas quieren elementos de **lujo** en los autos costosos. Todos los Maseratis tienen asientos cómodos y súper sistemas de sonido.

**luxury** — something that is not needed but adds great ease and comfort

**lujo** — algo que no es necesario pero que da gran gusto y confort

Maserati works hard to make its cars ***soundproof***. People inside don't hear the noise from outside.

Maserati se esmera en hacer autos ***insonoros***. Las personas dentro del auto no escuchan el ruido del exterior.

***soundproof*** **— not letting any sound in or out**

***insonoro*** **— que no permite que entre o salga ningún sonido**

## fast fact

The 2008 GranTurismo comes with a fancy set of luggage that is designed to fit perfectly in the car's trunk.

## dato rápido

El GranTurismo de 2008 viene equipado con un lujoso juego de maletas especialmente diseñado para que quepa a la perfección en el baúl del auto.

The GranSport can come as a convertible, called a Spyder. The fabric roof is different from other cars. It folds up inside the car just by touching a button.

El GranSport también viene en una versión descapotable llamada Spyder. La tela de la capota es diferente a la de otros autos. Ésta se dobla y se guarda dentro del auto al toque de un botón.

Spyder/Spyder

chapter 5/capítulo 5

# LOOKING AHEAD/ UNA MIRADA AL FUTURO

The MC12 is Maserati's most **exclusive** new model. Only about 50 exist. Some will be used for racing. The rest of these supercars are only for select customers.

El MC12 es el modelo más **exclusivo** de Maserati. Solamente existen 50 de ellos. Algunos serán usados como autos de carrera. El resto de estos súper autos serán solamente para clientes selectos.

## fast fact

The MC12 costs about $800,000.

## dato rápido

El MC12 cuesta alrededor de $800,000.

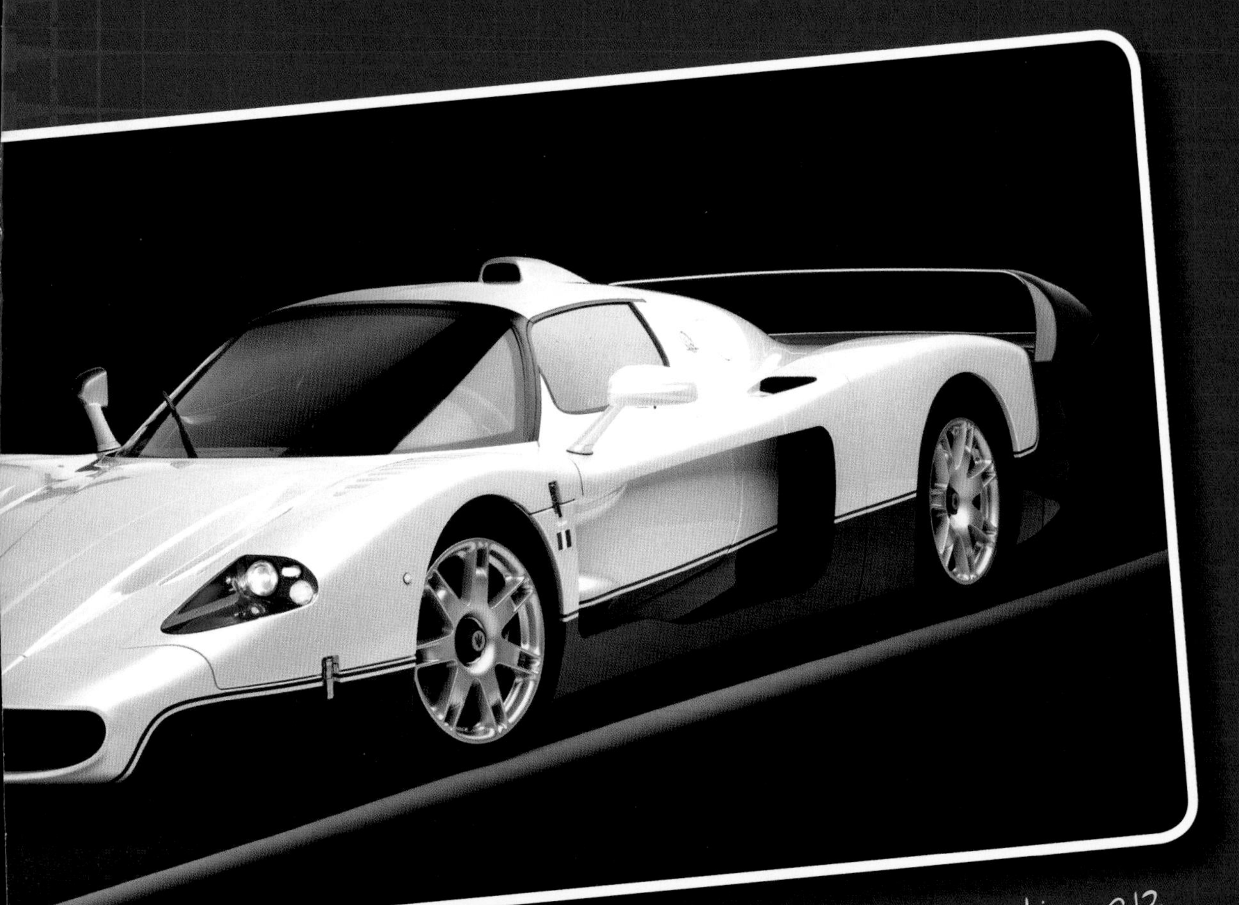

Maserati MC12/Maserati MC12

| **exclusive** — limited to a certain few people | **exclusivo** — limitado a cierto número de personas |
| --- | --- |

# GLOSSARY

**coupe** — a two-door car smaller than a sedan

**exclusive** — limited to a certain few people

**fabric** — cloth or a soft material

**horsepower** — a unit for measuring an engine's power

**luxury** — something that is not needed but adds great ease and comfort

**rare** — not often seen, found, or happening

**sedan** — a car with either two or four doors that seats four or more people

**soundproof** — not letting any sound in or out

# INTERNET SITES

FactHound offers a safe, fun way to find educator-approved Internet sites related to this book.

Here's what you do:

1. Visit *www.facthound.com*
2. Choose your grade level.
3. Begin your search.

This book's ID number is 9781429632706.

FactHound will fetch the best sites for you!

# GLOSARIO

**el caballo de fuerza** — unidad para medir la potencia de un motor

**el cupé** — auto de dos puertas más pequeño que un sedán

**exclusivo** — limitado a cierto número de personas

**insonoro** — que no permite que entre o salga ningún sonido

**el lujo** — algo que no es necesario pero que da gran gusto y confort

**raro** — que no se ve, se encuentra u ocurre a menudo

**el sedán** — auto de dos o cuatro puertas que tiene cabida para cuatro personas o más

**la tela** — paño o material suave

# SITIOS DE INTERNET

FactHound te brinda una forma segura y divertida de encontrar sitios de Internet relacionados con este libro y aprobados por docentes.

Lo haces así:

1. Visita *www.facthound.com*
2. Selecciona tu grado escolar.
3. Comienza tu búsqueda.

WWW.FACTHOUND.COM®

El número de identificación de este libro es 9781429632706.

¡FactHound buscará los mejores sitios para ti!

# INDEX



# ÍNDICE